AF563075

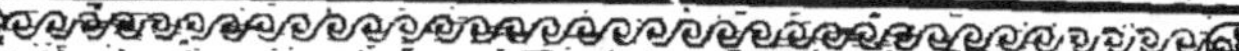

NOTICE

SUR

Mlle FLAVIE BOISSET

LYON

IMPRIMERIE DE REY ET SÉZANNE

Rue Saint-Côme, 2

—

1867

NOTICE

SUR

MLLE FLAVIE BOISSET

Je viens, le cœur plongé dans la douleur, réclamer le suffrage du public en présentant le tableau d'une vie consacrée à l'exercice de toutes les vertus.

Je reconnais mon insuffisance pour un travail qui exigeait une plume plus exercée que la mienne. On me pardonnera ces quelques pages écrites sous l'empire d'une émotion facile à comprendre ; c'était un besoin pour l'amitié, et un devoir pour la mémoire de ma sœur.

Anges du ciel, animez mes tableaux funèbres, et conduisez ma plume tremblante pour tracer quelques lignes d'une vie d'autant plus difficile à écrire qu'elle est dépourvue de ces événements où les actions et les vertus se montrent avec éclat.

J'espère néanmoins que mes lecteurs admireront la servante de Dieu, lors même qu'elle s'environnait de silence et d'oubli, car on aurait dit qu'elle avait pris pour devise cette maxime de Jésus-Christ : *Aimez à être inconnu et compté pour rien.* De là , le soin de cacher ses bonnes œuvres avec le même empressement que d'autres mettent à les faire paraître. *Etre connue de Dieu , être ignorée des hommes* fut toujours sa seule ambition.

Je pourrais montrer en elle la pratique de toutes les vertus chrétiennes, je me bornerai aux principales ; cela suffit pour la faire connaître et inspirer le désir de marcher sur ses traces.

Marie-Flavie Boisset, née de parents vertueux, où le catholicisme était héréditaire depuis plusieurs siècles, reçut de sa mère, en venant au monde, non seulement la vie corporelle, mais aussi les éléments de la vie du cœur, avec le désir de se consacrer à Dieu.

Sa première pensée fut d'enrôler sa fille sous l'étendard de la mère de Dieu, en lui donnant le nom de Marie (1) lorsque l'eau sacrée coula sur son front. Douce et heureuse pensée, car la sainte Vierge l'a toujours environnée d'une protection providentielle, en préservant sa jeunesse de tous écarts.

Elle voulut diriger ses premiers pas et être aussi son institutrice ; elle vit couler ses premières larmes. Heureux âge que l'enfance où toutes les douleurs s'endorment sous les baisers d'une mère !

Le baptême avait implanté en elle un principe de piété indestructible, et lui avait imprimé un signe indélébile, que le temps, les épreuves, et les orages de la vie ne peuvent détruire.

Le germe de ces sentiments, assoupi pendant son enfance, se développa avec force au moment où les premiers rayons de la raison vinrent éclairer son intelligence, et à mesure qu'elle croissait en âge, elle croissait aussi en sagesse et en vertu.

(1) Que de lys sans tache si les mères, dans le baptême, consacraient leurs filles à Marie Immaculée.

Par ses leçons et par ses exemples, cette tendre mère procura à sa fille l'inestimable bienfait d'une éducation chrétienne. Formée par elle à la pratique des vertus, elle n'avait pas dégénéré de sa rare piété et de toutes ses éminentes qualités. Les impressions reçues dans l'enfance ont une influence capitale sur les principes qui règlent la vie.

Le vandalisme révolutionnaire de 1793 avait couvert la France de sang, de deuil et de ruines; il avait abattu les églises, déraciné la foi, et peu de familles des vieilles générations étaient demeurées catholiques.

Au nom du *progrès* et de la *réforme*, l'impiété crut n'avoir plus besoin de catholicisme, ni de Dieu, et la déesse, dite la *Raison*, remplaça partout la croix de Jésus-Christ.

La solide instruction qu'elle avait reçue défendit sa foi contre le schisme, et pendant que le sophisme entraînait les masses aux autels d'un culte sacrilége, elle assistait chaque jour aux mystères chrétiens célébrés par des prêtres fidèles.

Sa mère se distingua par son zèle pour les ministres de J.-C., cruellement persécutés comme les chrétiens des premiers siècles. Elle avait établi dans sa maison une chapelle domestique où ils exerçaient leur ministère en secret, et elle parvint à en soustraire plusieurs aux proscriptions et aux échafauds.

Douée d'une élévation de caractère peu commune, on reconnut alors en elle la résignation et la crainte de Dieu du saint homme Job, unies à toute l'activité, l'énergie, l'esprit d'ordre, la persévérance au travail de la femme forte dont parle l'Esprit-Saint. C'est ainsi qu'elle éleva sa fille aînée et sept autres enfants.

Son mari ayant été incarcéré et ses biens confisqués, ce qui s'appelait, dans le langage du temps, *battre monnaie*, elle fut longtemps plongée dans la misère, mais elle trouva dans la religion le courage nécessaire pour supporter toutes ces iniquités.

Quel surcroît de force, de piété et de résignation n'inspira pas à sa fille aînée l'exemple de sa mère! La tempête révolutionnaire qui avait enlevé à ses parents tous leurs moyens d'existence, ne fit qu'accroître sa foi, sa piété, sa résignation et son amour pour le travail. Voilà les fruits d'une éducation chrétienne.

Le tocsin avait sonné le glas du roi martyr, et la guillotine faisait tomber chaque jour, sous le couteau égalitaire, les têtes des ministres de Dieu. Les ombrageux patriotes de cette époque entendaient la *liberté* et l'*égalité* à la manière de Tarquin, qui voulait abattre tout ce qui s'élevait au-dessus de la foule.

On put croire un instant à l'anéantissement du catholicisme en France; mais, peu après, des profondeurs de la mer sortit un nouveau Cyrus (1), qui vint venger le nom de Dieu, et rétablir son culte que l'impiété avait proscrit. Par ses ordres les temples quittèrent leurs manteaux de deuil; un immense cri de joie éclata dans toutes les villes, bourgs et hameaux de la France; Dieu a daigné nous en rendre les heureux témoins dans la religieuse cité de St-Marcellin.

Le sang des martyrs, versé sur les échafauds de la terreur, a réveillé la foi des fidèles, et a produit une réaction miraculeuse dans le catholicisme. A la voix de leurs pasteurs, nous voyons chaque jour les fidèles remplir le

---

(1) Napoléon 1er.

temple de Dieu, pour écouter, avec un pieux recueillement, les nouveaux apôtres qui joignent à l'onction de la parole l'éloquence plus persuasive de l'exemple.

La servante de Dieu eut plus tard de cruelles épreuves à subir par la perte de son père, de sa mère, et de presque tous les membres de sa famille; mais elle trouva un soulagement à ses douleurs en pensant qu'étant morts dans la voie de Dieu, elle espérait les trouver un jour dans une vie meilleure, pour ne plus en être séparée.

La religion a des remèdes pour tous les maux, et du baume pour toutes les douleurs.

Son amour et son respect filial pour les auteurs de ses jours, et ses sentiments pour tous ses parents, n'ont jamais subi aucune éclipse ; ils se sont ouvertement révélés à chaque anniversaire de leur décès, en faisant célébrer le Saint-Sacrifice pour le repos de leur âme.

Le monde était une croix pour elle. Dieu seul avant tout ; l'aimer était le seul besoin de son âme ; tout le reste n'était que vanité.

Elle était de toutes les associations et confréries qui avaient pour but la prière et les bonnes œuvres.

En 1825, elle brigua l'honneur de faire partie de la Confrérie du Rosaire; elle avait appris à apprécier dignement cette institution dont elle fut plus tard la prieure (1).

Elle fut peu après agrégée à l'Association des Cœurs dévoués de Marie (2).

Elle fut reçue membre de l'Association du Scapulaire du Mont-Carmel (3).

Membre de l'Association du Scapulaire de l'Immaculée-Conception (4).

Associée à l'œuvre de la Propagation de la foi, dont elle était zélatrice(5).

Membre de l'Association de Notre-Dame d'Aiguebelle (6).

Associée à l'Œuvre des Ecoles d'Orient, dont elle était zélatrice (7)

Membre de l'Association de l'Œuvre de St-François de Salles (8).

Membre de l'Association pour le soulagement des âmes du purgatoire (9).

Membre de l'Association de la Sainte-Enfance (10).

L'historique de ces pieuses associations est consigné dans les rescrits des Souverains Pontifes, depuis Grégoire XIII, en 1584.

Maintenant, si j'étudie sa vie privée, je vois qu'elle agissait en tout pour

---

(1) SS. Grégoire XIII, après la bataille de Lépante, institua la fête du Saint-Rosaire et en ordonna la solennité le 1er dimanche d'octobre. On a trouvé des grains de chapelet dans le tombeau de sainte Gertrude, décédée en 677, et dans celui de saint Norbert, décédé en 1134. V. *Moreri*, art. Rosaire.

(2) V. trois brefs d'indulgence de SS. Grégoire XVI, et trois autres de SS. Pie IX.

(3) V. le bref de SS. Clément X, du 8 avril 1673 et de Grégoire XVI, du 30 avril 1838.

(4) V. le bref de SS. Pie IX, du 19 septembre 1851.

(5) V. l'encyclique de SS. Grégoire XVI, et le bref de Pie IX, du 25 février 1863. La zélatrice est celle qui se charge de réunir dix associées.

(6) V. le bref de SS. Pie VII, du 28 avril 1807.

(7) V. le bref de SS. Pie IX, du 30 novembre 1861.

(8) V. le bref de SS. Pie IX, du 13 décembre 1859.

(9) V. le bref de SS. Pie IX, du 11 septembre 1860.

(10) V. le rescrit du 12 janvier 1851.

accomplir la volonté de Dieu et renoncer à ses inclinations naturelles au profit d'autrui ; il n'y a pas une seule de ses actions où l'on ne trouve ce parfum d'édification qui s'exhale des moindres détails de sa vie.

La vertu, a dit De Maistre, ayant pour base et pour essence le *sacrifice*, les vertus les plus méritoires sont celles que l'on a conquises avec le plus d'efforts.

En effet, qu'y a-t-il de plus courageux que de se vaincre soi-même, et d'être toujours bienfaisante envers ceux dont on a à se plaindre ?

Qu'y a-t-il de plus magnanime que de fuir les plaisirs, mépriser les richesses et pratiquer la chasteté ?

Qu'y a-t-il de plus noble que de pardonner les injustices et de prier pour ceux qui nous sont hostiles ?

Qu'y a-t-il de plus [illegible] que de se montrer toujours supérieure à toutes les [illegible] à tous les revers ?

Eh bien ! à ces traits on reconnaîtra facilement l'héroïne de la foi catholique ; toutes les vertus [illegible] dans cette belle âme.

Elle aimait à relire le recueil de poésies chrétiennes dont sa mère avait orné sa mémoire dans son enfance ; nous y trouvons ces vers :

Livre ton cœur à la vertu.
Avec ta passion [illegible] funeste.
Tu n'auras pas longtemps combattu.
Le ciel bientôt te [illegible] du reste.

CARACTÈRE. — Elle avait acquis sur elle-même cette égalité d'humeur qui fait le vrai signe du christianisme.

Jamais elle ne faillit aux principes de délicatesse et de convenance qui étaient innés en elle.

Jamais personne n'a surpris sur ses lèvres une parole indiscrète ou légère, capable de blesser la charité.

Elle avait un incontestable mérite, bien rare de nos jours, celui de rendre le bien pour le mal ; elle pouvait redire, au déclin de sa carrière, ce beau vers de Crébillon :

Aucun fiel n'a jamais empoisonné ma vie.

Toujours gaie (1), la bonté de son âme transpirait dans tous ses traits, et lui donnait un charme qui la rendait aimable à tout le monde.

Elle avait je ne sais quoi d'attachant et de doux qui plaît à tous sans y viser, qu'on aime sans le savoir, et dont on ne connaît bien le prix qu'après l'avoir perdu.

Cœur bon et sincère, elle avait des jours de bonheur sur la terre par les nombreuses sympathies dont elle était environnée ; aussi connaissait-elle le prix de l'amitié (2) ; elle l'avait trouvée dans des régions où l'envie

(1) La joie de l'âme a sa source dans une conscience droite ; elle naît d'une foi sincère et de la pureté du cœur.

(2) Notre cœur est fait pour aimer ; chacun de nous a besoin d'une âme qui réponde à une âme, d'un ami qui partage nos joies, nos contradictions et nos épreuves ; aussi l'Esprit-Saint nous dit que *trouver un ami, c'est trouver un trésor*. Le poète n'a-t-il pas dit :

Un monarque n'a rien s'il ne possède un cœur.
Un monde entier ne vaut pas ce bonheur.
Pour jouir d'un ami, je céderais un trône.

n'existe pas. Les associées à ses bonnes œuvres conservent pieusement sa mémoire dans le livre des souvenirs reconnaissants.

Il ne faut pas croire qu'elle avait pu pratiquer sans peine et sans combat tout ce qu'il y a de plus parfait dans les vertus évangéliques ; elle avait lutté longtemps contre un caractère d'une extrême vivacité, violent et emporté, qui n'avait été dompté que par la grâce.

FOI. — Elle avait cette foi vive dont le Seigneur avait déposé le germe dans son sein sur les fonts baptismaux ; elle prit d'admirables accroissements par les exemples de sa vertueuse mère. Cette vertu était devenue son élément. L'Église était sa règle, sa lumière, sa sagesse ; elle croyait sans hésitation tout ce qu'elle enseigne ; elle condamnait tout ce qu'elle condamne.

CHARITÉ. — De cette foi vive découlait cette charité chrétienne si rare de nos jours. La nature l'avait douée d'un cœur généreux, compatissant, et d'une sensibilité extrême. Après l'amour de son Dieu, sa seule préoccupation était la charité, cette reine de toutes les vertus.

Un instinct naturel la portait à toutes les bonnes œuvres, sans consulter ses faibles ressources. Dès qu'une misère arrivait à sa connaissance, elle ne savait plus modérer les élans de son cœur ; elle faisait alors un double effort, sans s'occuper du lendemain.

Que de pas elle a faits pour donner du pain à un ouvrier sans travail ! que de pauvres honteux elle a secourus, en gardant le secret de leur misère ! Aussi se trouvait-elle souvent dans la plus grande gêne, et, dans ces circonstances, son seul regret était de ne pouvoir satisfaire ses inclinations.

Tout ce qui n'était pas nécessaire aux plus pressants besoins de la vie était employé à de bonnes œuvres ; elles lui paraissaient [illegible] et indignes de [illegible]. *L'aumône*, disait-elle, *faite au nom de Dieu, n'appauvrit jamais.*

Elle faisait plus encore que de donner son argent, elle prodiguait aux malades tous les genres de service. Elle avait sans cesse à la pensée cette maxime [illegible] : *[illegible], c'est à Dieu*, et cette réflexion du Père [illegible] : *Ne refusez jamais [illegible] à un pauvre, de peur que ce soit à J.-C. en personne que vous refusez* (1). La charité la travaillait au cœur comme un feu dévorant.

PAUVRETÉ. — Son détachement des biens du monde était à remarquer ; rien de plus simple que son maintien : il était aisé de voir qu'elle avait renoncé à toute prétention mondaine. La toilette [illegible] sa modestie ; on ne vit jamais sur son corps, ni or, ni diamants, ni autres ornements des femmes mondaines. Les joyaux n'avaient jamais aucun prix à ses yeux.

Dans son logement, modeste comme celle qui l'habitait, existait un mobilier qui prouvait son inclination. On trouvait dans la pièce qu'elle occu-

---

(1) Puissent les heureux du siècle se pénétrer de cette grande vérité, que lorsque dans une famille un membre est souffrant, [illegible] et s'empressent de soulager sa [illegible] sont des catholiques comme nous, [illegible] notre cœur et les [illegible] à notre fraternité.

Le Dieu de la plupart des heureux du siècle, celui qu'ils encensent chaque jour avec assiduité et qui est le [illegible] de toutes leurs actions, c'est l'argent. [illegible] se convaincre que le plus [illegible] des mortels est toujours près d'un revers, et que l'adversité n'aurait rien d'effrayant si les hommes savaient entre eux se partager leurs fers

pait dans le jour, six chaises en paille; au-dessus de la cheminée on y voyait un morceau de glace cassée, dont elle n'avait jamais fait usage, estimé dans l'inventaire 25 centimes (1); sur cette cheminée était d'un côté J.-C. sur la croix, d'un autre côté, la statue de la sainte Vierge et celle de saint Joseph.

Servante d'un Dieu qui s'était fait pauvre, elle voulait l'imiter en étant pauvre comme lui.

L'ameublement de sa chambre à coucher était celui d'une chrétienne morte au monde et à ses exigences. On y voyait un lit que la domestique d'une maison opulente n'aurait pas voulu, et l'image de Jésus-Christ sur la croix, au bas de laquelle on lisait :

Pécheur, tu vois le Dieu qui t'a fait naître ;
Sa mort est ton ouvrage, il devient ton appui.
Dans cet excès d'amour, tu dois au moins connaître
Que s'il est mort pour toi, tu dois vivre pour lui.

Ce signe auguste a toujours été et sera toujours jusqu'à la fin des siècles la consolation de l'humanité attristée et souffrante. La croix est le principe de notre vie, la force de notre âme, la cause de notre paix ; elle s'était imprimée sur son cœur, elle était encore sa joie et son espérance à sa dernière heure (2).

---

(1) Je ne puis résister à la tentation de citer l'anecdote suivante : Une jeune fille, élevée dans de pieux sentiments, mais empreinte de vanité, écrivit un jour à sa mère :

« Ma mère, je désirerais bien avoir un miroir de toilette, c'est un objet indispensable. »

Le lendemain elle reçut de sa mère cette réponse :

« Ma chère enfant, je t'envoie le miroir que tu me demandes, mais au lieu d'un seul « que tu désires, tu en recevras trois : dans le premier tu verras ce que tu es, dans le « second ce que tu seras, dans le troisième ce que tu dois être. »

Deux jours après arriva à l'adresse de la jeune fille une boîte contenant trois paquets. Elle trouva sous le nº 1er un fidèle miroir qui lui montra ce qu'elle était, sa jeunesse avec tous ses charmes; sous le nº 2 était une tête de mort, miroir non moins fidèle de ce qu'elle serait un jour, et sous le nº 3 une délicieuse statuette de *Marie Immaculée*. Voilà ce que je dois être, s'écria-t-elle, et ce que je serai avec la grâce de Dieu. Elle s'agenouilla, et pria longtemps.

On comprend le pouvoir d'une anecdote pour la démonstration d'une vérité. Elle a l'avantage de laisser à chaque auditeur le soin de s'en faire l'application. Les meilleures leçons ne sont pas toujours celles qu'on reçoit, mais celles qu'on se donne à soi-même.

Tous les hommes pensent à cet égard comme Louis XIV. Il disait un jour : *Dans un sermon, je veux bien me faire ma part ; mais je ne veux pas qu'on me la fasse.*

(2) Le plus précieux trésor que renferme Paris est la sainte couronne d'épines, le saint clou, et un morceau de la sainte croix. C'est à la France, la fille aînée de l'Église, que Jésus-Christ a confié le plus douloureux instrument de sa passion.

Le roi saint Louis, vêtu d'une simple tunique et les pieds nus, apporta solennellement à Notre-Dame la sainte couronne d'épines qu'il avait achetée de Baudoin, empereur de Constantinople. Elle fut déposée dans le splendide reliquaire appelé la Sainte-Chapelle, où elle exista jusqu'en 1793, qu'elle fut livrée à la Commission des beaux arts.

En 1801, M. Portalis ordonna le dépôt de la *sainte couronne d'épines* dans le trésor de la métropole, ainsi qu'un fragment considérable de la vraie croix, qui avait été envoyé, en 1109, de Jérusalem, par Anselme, à l'évêque et aux chanoines de Paris. La sainte couronne d'épines est faite avec un espèce de jonc marin dont les tiges sont de couleur cendrée. Elle est renfermée dans une urne de cristal circulaire.

L'église de Notre-Dame possède aussi un des clous dont les bourreaux de Jésus-Christ se servirent pour le fixer sur la croix. Ce clou fut donné, en l'an 800, par le patriarche de Jérusalem à l'empereur Charlemagne.

En 1793, M. Le Lièvre, membre de l'Institut, le demanda et l'obtint comme une curio-

HUMILITÉ. — Parmi les vertus chrétiennes, on admirait son humilité, le fondement de la charité. Elle se considérait comme le néant, et n'avait pour elle aucune estime ; elle était entièrement convaincue de ses faiblesses et de ses imperfections.

Elle se complaisait dans son abjection, supportait sans murmure et sans plainte les mépris, les railleries, les tribulations (1). Que suis-je, disait-elle, en me comparant aux martyrs et aux saints.

De là cette soif des abaissements, des humiliations, des mépris, qui font les vrais chrétiens. Toutes ses œuvres étaient empreintes de ce sceau.

PRIÈRE. — La prière était le foyer où elle se réchauffait, le sanctuaire où elle se recueillait. Elle se levait tous les jours à cinq heures, et après avoir offert ses vœux à Dieu, elle se dirigeait vers l'église, quelque temps qu'il fît, pour assister au Saint Sacrifice de la messe. Lorsqu'elle avait le bonheur de communier, l'ardeur de son amour pour la prière paraissait encore dans le soin qu'elle apportait à sa préparation ; elle passait alors plus d'une heure aux pieds des autels, avant et après le Saint Sacrifice. Elle consacrait ensuite le reste de la journée à la prière et à des lectures pieuses.

Non contente d'avoir des heures réglées pour la prière, elle y consacrait encore une partie de la nuit ; chaque fois qu'elle se réveillait elle récitait l'oraison dominicale et le chapelet. Elle suivait en cela le conseil des Ecritures : *Que rien ne nous empêche de prier.*

Elle se rendait chaque jour avant la nuit à l'église, pour réciter le chapelet, sans faire attention à la pluie, au froid, et ensuite elle faisait la prière à haute voix, à laquelle assistait celle qui était attachée à son service.

Quelle est grande la puissance de la prière! que de consolations on y trouve dans les moments de peines et de souffrances ! *Il faut prier continuellement*, a dit un Père de l'Eglise, *afin de raccourcir le moment de l'épreuve et de hâter le jour de la victoire.*

PÉNITENCE. — La pénitence, principale vertu des chrétiens, s'était pour ainsi dire convertie chez elle en seconde nature; elle traitait son corps en ennemi, pour être du nombre de celles qui, d'après le langage de l'apôtre, *ont crucifié leur chair avec ses vices.*

Le jugement de Dieu faisait sur elle une impression si profonde, qu'il lui faisait éprouver un tremblement perpétuel; elle aimait à lire les méditations de la foi, où nous trouvons ce vers magnifiquement chrétien :

Les pardons du Très-Haut sont les fêtes des cieux.

---

sité minéralogique à analyser. C'est ainsi qu'il fut préservé de la profanation et d'une destruction sacrilége.

En 1824, il le remit à Mgr Dauquelen, archevêque de Paris, qui le plaça dans le reliquaire actuel.

Le saint clou a trois pouces trois lignes de long, la tête est échancrée et la pointe un peu altérée ; il est couvert de rouille dans toute sa longueur. On y remarque un petit morceau de bois qui y resta fixé lorsqu'on le retira de la croix sanglante. Vu à la loupe, ce morceau de bois paraît avoir la même teinte de couleur que le morceau de la vraie croix.

(1) Aujourd'hui la paix fait place aux tribulations. Elle peut dire : Le ciel, c'est le lieu de mon repos pour toujours.

Sa nourriture était grossière, et suffisait à peine à réparer ses forces.

Elle ne donnait au sommeil que ce qui était nécessaire à sa santé. Dans les dernières années de sa vie, elle s'occupait de travaux manuels, comme si les années n'avaient pas affaibli ses forces.

Elle observait rigoureusement le Carême ; alors ses repas étaient un continuel exercice de pénitence, par les privations qu'elle s'imposait, et par la qualité des aliments dont elle usait.

Dans ce saint temps elle jeûnait continuellement, et s'abstenait de toute espèce de viande ; ses prières devenaient plus fréquentes, ses œuvres de charité et de pénitence plus multipliées; elle était persuadée que le Carême devait être un temps spécialement consacré à la préparation du grand mystère de notre Rédemption, et par conséquent à la pénitence qui y conduit.

DÉVOTION A LA SAINTE VIERGE. — Sa tendre dévotion à la Sainte Vierge éclatait dans toutes ses actions; elle s'adressait continuellement à elle pour être sa médiatrice auprès de son divin fils ; elle l'invoquait avec une ferveur qui ne pouvait manquer d'être exaucée ; il serait difficile de se faire une idée de l'amour et de la confiance dont son cœur était pénétré pour la mère de Dieu. Elle n'avait point oublié cette parole tombée du haut de la croix : *Voilà votre mère*, et elle connaissait aussi les nombreux miracles (1) opérés par sa fervente invocation.

EUCHARISTIE. — Elle se délectait dans la sainte Eucharistie. Les

---

(1) M. de Volnay, un des plus incrédules de notre siècle, faisait une promenade sur la mer lorsque le vent s'éleva tout à coup, et le navire fut vingt fois au moment de se perdre. Chacun se mit en prières, et l'auteur des *Ruines* se saisit d'un chapelet qu'il récita avec une ferveur édifiante tant que dura le péril.

Après la cessation de la tempête, un de ses amis lui dit avec une délicieuse bonhomie: *A qui vous adressiez-vous tout à l'heure? — On est philosophe dans le cabinet*, lui répondit M. de Volnay, *mais on ne l'est plus dans une tempête* (1).

M. de Volnay, mort en 1820, est l'auteur de deux ouvrages irréligieux ; le premier, publié en 1791, est intitulé *les Ruines* ; le second, publié en 1795, est intitulé *la Loi naturelle ou le Catéchisme du citoyen*.

M. de Lamartine était sur un navire commandé par le capitaine *le Barber*. Après avoir échappé à une affreuse tempête, ce navire entra en relâche dans le port de Saint-Nazaire. Le premier soin de l'équipage, à la tête duquel était M. de Lamartine et le capitaine, fut de se rendre à l'église pour remercier la Sainte Vierge, patronne des marins, d'avoir échappé à la mort.

Après le *Veni Creator* on célébra le Saint Sacrifice de la messe qui fut suivi du chant en l'honneur de la Sainte Vierge, *Ave Maris Stella*. C'était la reconnaissance vivement sentie envers la mère de Dieu, et débordant du cœur des marins après la tourmente.

Les héros de la mer n'ont pas des âmes de philosophes ; ils croient à la Sainte Vierge, ils l'ont invoquée dans le péril ; elle a commandé aux vents et aux vagues, et la tempête a cessé.

Combien, disait Chateaubriand, il est touchant ce culte qui soumet l'empire des mers à une faible femme. Cette femme est la Sainte Vierge mère de Dieu, *Ave Maris Stella*

Dans toutes les pages, dans toutes les lignes, dans toutes les strophes des ouvrages de M. de Lamartine, cet écrivain, d'une si étonnante fécondité comme littérateur et comme

(1) Un poète chrétien, son contemporain, le peint dans ces trois vers :

Tu prétends te créer un impossible lieu,
Et pour te soustraire à ton Dieu,
C'est dans un vil néant que tu te réfugies.

aliments qui lui étaient servis sur cette table, étaient le corps adorable du fils de Dieu, et son sang précieux. Cette nourriture de l'âme la rendait forte contre tout ce qui l'entourait, et en sortant de cette sainte table elle pouvait s'écrier : *Ni la vie, ni la mort, ne pourront me séparer de l'amour de mon Dieu.*

Si elle avait faim, elle trouvait dans cet aliment de l'âme une nourriture céleste qui la rassasiait ; si elle était altérée, elle y trouvait une boisson qui possédait la vertu de calmer la soif au milieu des souffrances et des tribulations de la vie; faible, elle y puisait la force; languissante, elle y trouvait la vigueur ; fatiguée, elle y trouvait le repos. La sainte Eucharistie était pour elle le mémorial permanent du Calvaire.

La mère de Dieu, qui veillait sur elle, lui avait inspiré le désir de fixer son choix pour la guider dans la voie de la perféction, sur un directeur dont toutes les actions devraient être écrites pour l'édification des fidèles et la gloire de l'Eglise ; il était son second ange gardien, et quand elle était malade, il lui apportait les consolations du ciel ; elle le vénérait et l'écoutait avec une pieuse avidité, comme les ravissants accords d'une lyre céleste ; sa parole, toujours sympathique, a su si bien trouver le chemin de son cœur pour la conduire dans le séjour des bienheureux ! (1)

PIÉTÉ. — Tous ses actes portaient le cachet d'une piété vraie et affective, qui ne pouvait partir que du cœur. Craindre, aimer et servir Dieu, honorer Marie et imiter ses vertus, voilà quel était son seul bonheur.

L'assistance quotidienne à l'adorable Sacrifice et la sainte Eucharistie, étaient le double foyer de son exemplaire piété.

Comme Tobie, elle se dérobait aux amusements des hommes, pour les offices de l'église auxquels elle assistait avec autant de régularité que d'édification, et le dimanche, elle employait à réciter le rosaire le temps que d'autres employaient à des plaisirs frivoles.

La foi vive dont elle était pénétrée, lui faisait aimer, méditer et apprécier les admirables sermons des ministres de Dieu, dont elle était toujours si avide.

Avec quelle attention soutenue elle prêtait l'oreille à cette éloquence inspirée d'en haut, et à ces paroles évangéliques qui charment l'esprit et subjuguent les cœurs.

---

poète, nous y trouvons ces paroles sublimes, *Credo*. Ce grand génie croit à l'immortalité de l'âme. Ecoutons le poète chrétien :

Incrédule, vois donc, vois ton égarement.
Oui, c'est détrôner Dieu, l'anéantir lui-même,
Que d'en vouloir faire un Dieu du néant.

Ce sentiment intime de l'immortalité de l'âme nous le puisons en nous-mêmes, nous le puisons dans la loi divine, et dans l'œuvre de la rédemption. Tout nous crie : Tu es immortelle ; à toi l'avenir sans fin ; à toi les jouissances de l'éternité !

Créée par Dieu, notre âme n'a que Dieu au-dessus d'elle. Peut-elle avoir un sort commun aux animaux qui paissent dans les champs ?

Image de Dieu, peut-elle s'éteindre et rentrer dans le néant comme tous les êtres privés de raison ? Non sans doute.

Elle a des espérances immortelles ; elle doit donc employer ses moyens à les réaliser.

(1) Puisse ma reconnaissance trouver un souvenir dans les prières de ce ministre de Dieu, et mes sentiments d'affection un écho dans son cœur.

Dans leur bouche, tous les sujets qu'ils traitent prennent une clarté lumineuse; en les écoutant, il est impossible de se défendre des impressions les plus douces et en même temps les plus profondes. Ce ne sont pas des rhéteurs qui dissertent, ce sont des amis qui vous entretiennent, avec une émotion profonde, de vos plus grands intérêts, et dont le seul bonheur serait d'assurer le vôtre. (1).

Le jour de la solennité de Pâques, j'ai entendu notre vénérable pasteur blanchi sur les autels (2), tenir captive, sous le charme de sa parole, la religieuse population de St-Marcellin ; sa voix toujours neuve et éloquente, qui revêt un attrait particulier, son langage animé et entraînant, ses pensées profondes, ses images saisissantes, la vigueur de sa dialectique, ses arguments irrésistibles sur la divinité de Jésus-Christ, ont porté la conviction dans tous les cœurs, et inspiré à ses nombreux auditeurs le dédain et l'indignation contre les blasphèmes du déicide Renan (3).

---

(1) Il est nécessaire que l'on sache le bien que font, dans notre cité, des ministres de Dieu, qui joignent aux trésors du savoir le don de plaire, et qui n'ont d'autre ambition que celle de travailler au salut des âmes.

On dirait qu'ils ignorent leurs talents, et en effet, devant Dieu, ils les ignorent, car ils ne s'en souviennent que pour gagner des élus au Ciel.

Dans les touchantes exhortations qu'ils adressent aux fidèles, toutes leurs paroles sont empreintes d'une grande puissance de conviction, et tout ce qu'ils disent part du cœur. Ils apportent dans les discussions cet enchaînement rapide de preuves, cette clarté d'argumentation, cette implacable logique qui persuade, entraîne, charme l'esprit, remue le cœur le plus endurci, étonne l'âme et la ravit.

(2) Ses premières pensées, comme les dernières, sont toujours pour ses chers paroissiens; il est le pasteur qui veille sur son troupeau à l'aube du jour et au crépuscule qui commence la nuit.

(3) La *Vie de Jésus*, par Renan, est un livre dont toutes les pages et toutes les lignes sont une insulte à la foi chrétienne et un attentat à la divinité de Jésus-Christ. Il y prend la défense de Judas, et associe la mère de Dieu aux blasphèmes dont Jésus-Christ est l'objet.

En présence de pareilles doctrines, l'indignation, qui bouillonne d'abord, se tait bientôt pour faire place au dédain et au mépris. Il faut être descendu bien bas pour avoir le triste courage de livrer à la publicité un livre où la licence effrénée de l'impiété se montre partout à découvert ; le sentiment de répulsion que sa lecture inspire est tellement fort, que la plume est impuissante à le reproduire (1). Pour le combattre, je lui opposerai une autorité qu'il ne lui viendra pas, certainement, dans la pensée de suspecter ni de contredire, celle de Napoléon 1er.

Dans le mémorable entretien qui s'engagea un jour à Ste-Hélène, entre Napoléon 1er et deux de ses généraux, sur la divinité de Jésus-Christ il disait : « Il n'y aurait pas de « Dieu dans le ciel, si un homme avait pu concevoir et exécuter avec un plein succès le « dessein gigantesque d'en dérober pour lui le culte suprême, en usurpant le nom de « Dieu. *Jésus est le seul qui ait dit clairement, affirmé lui-même imperturbablement :* « Je suis Dieu. *Il s'arroge toutes les adorations. Il bâtit son culte de ses mains, non* « *avec des pierres, mais avec des hommes.*

« On s'extasie devant les conquêtes d'Alexandre. Eh bien ! voilà un conquérant qui « confisque à son profit, qui unit, qui incorpore à lui-même, non pas une nation, mais « l'espèce humaine. Quel miracle ! l'âme avec toutes ses facultés devient une annexe « de l'existence du Christ.

« Et comment ? par un prodige qui surpasse tout prodige ; il veut l'amour des hommes,

(1) Un esprit corrompu ne fut jamais sublime, a dit un célèbre écrivain de nos jours.

La longue carrière de la servante de Dieu offre à l'imitation des fidèles l'union de toutes les vertus : une vie laborieuse, une charité persévérante, la pauvreté, la prière, la pénitence, les souffrances, une entière abnégation d'elle-même et des choses de ce monde, la fervente et courageuse pratique de tous ses devoirs religieux ; elle a traversé le chemin aride et desséché de la vie, sans avoir flétri la robe blanche de son baptême.

Enfin le jour approchait où Dieu l'appelait à un éternel repos pour récompenser une vie pleine de bonnes œuvres ; elle pouvait dire comme l'apôtre : *Je touche à ma fin et l'heure de ma délivrance approche.*

Les vieillards regrettent ordinairement la vie qui leur échappe ; la mort ne pouvait la surprendre ; elle la regardait comme un bienfait de Dieu et soupirait après le jour où elle serait délivrée de ce corps de mort.

« c'est-à-dire ce qu'il y a de plus difficile au monde d'obtenir, ce qu'un sage demande « vainement, le *cœur*, c'est ce qu'il veut pour lui.

« Il l'exige absolument, et il réussit tout de suite ; *j'en conclus sa divinité.* »

Il terminait cet instructif entretien, que cette notice déjà trop longue ne me permet pas de reproduire en entier, par ces paroles remarquables : « Assassiné par l'oligarchie « anglaise, je meurs avant le temps, et mon cadavre aussi va être rendu à la terre, pour « devenir la pâture des vers..... Voilà la destinée très-prochaine du grand Napoléon... « *Quel abîme entre ma misère et le règne éternel de Jésus-Christ, prêché, encensé,* « *aimé, adoré dans tout l'univers.* »

La réponse de Napoléon 1er aux blasphêmes de Renan est sans réplique ; pour qu'il en fût autrement, il faudrait que le bon sens n'eût pas d'empire, et que l'évidence n'eût pas de clarté.

S'il avait espéré avec son livre restreindre la puissance de l'Eglise et paralyser la foi des fidèles, il a pu se convaincre combien il s'était fait illusion, car il n'a pas ignoré que 80,000 fidèles sont venus de quatre départements aux pieds de Notre-Dame-du-Puy, en 1864, pour protester hautement contre les blasphêmes du renantisme.

Il n'a pas ignoré que dans toute la France, il n'y a pas une seule ville, bourg, village et ham au où les fidèles n'expient chaque jour, par des prières, les monstrueuses attaques de ce déicide contre la divinité de Jésus-Christ.

Il n'a pas ignoré que dans toutes les églises de l'Italie il a été célébré des *triduos*, pour protester contre l'impiété du déicide et pour la conversion de l'écrivain égaré.

Je rougis pour lui du scandale qu'un homme de son rang (membre de l'Institut), est venu étaler en public.

A côté de ces erreurs, les ministres de Dieu ont eu la douce satisfaction de voir se produire, dans toutes les paroisses, un puissant retour à la religion, et un réveil du sentiment catholique que nul ne peut méconnaître (1).

Dans la séance du 29 mars dernier, les Sénateurs ont imprimé au déicide Renan le cachet d'une honte ineffaçable, en discutant la loi sur l'instruction publique. Je cite textuellement :

M. le Comte de Ségur Daguesseau, en s'adressant à M. Rouland, ancien ministre de l'Instruction publique, s'est exprimé ainsi : « Je suis bien aise de vous trouver ici pour « vous dire que vous devez conserver toute votre vie le remords d'une nomination qui « a été un grand scandale. »

M. Ste-Beuve : « Si c'est à M. Renan que M Daguesseau a voulu faire allusion, je « proteste contre l'accusation de cet homme de talent dont je suis l'ami. »

M. le Baron Chapuis de Montlaville : « Il n'est pas permis de venir faire ici l'éloge « de ces hommes qui portent l'incendie dans la Société, en répandant dans les masses

(1) Sa Majesté l'Empereur, ayant appris que Renan avait prononcé devant ses élèves un discours dans lequel il avait attaqué la divinité de Jésus-Christ, a immédiatement suspendu son cours et prononcé sa destitution.

Que pouvait redouter un cœur si juste en portant ses regards sur une vie si remplie de saintes œuvres, si ornée de vertus ?

Voyant approcher sa fin, elle m'écrivit, le 28 décembre 1866, sa dernière lettre ainsi conçue :

« Mon bon frère, je t'écris dans le délire de la fièvre ; je suis bien faible « et je n'ai plus qu'un seul désir, celui de te voir : j'ai bien des choses à te « confier que le papier ne peut contenir; le plaisir de t'embrasser me donnera « des forces. Si tu m'aimes autant que je t'aime, tu seras bientôt dans mes « bras ; tu connais mes intentions et tu sais ce que je veux. Adieu. Ta « sœur, Flavie Boisset. »

On voit que ce langage partait du cœur; il n'a besoin d'aucun commentaire. J'arrivai auprès d'elle le 1er janvier 1867, à huit heures du matin, et une heure après, elle me faisait connaître ses dernières volontés.

« des doctrines d'irréligion, c'est là un danger social contre lequel doivent se réunir « toutes les forces des hommes de bien. Nous protestons contre ces doctrines funestes « de toute l'énergie de nos convictions...... L'immoralité coule à pleins bords, et c'est à « nous, plus particulièrement, qu'il appartient de signaler au gouvernement les moyens « d'y porter remède : pour mon compte, je n'y manquerai pas, c'est un devoir. » (Vives approbations.)

M. Ste-Beuve : « Il y a des opinions philosophiques que je défends au nom de la li- « berté de penser. »

M. de Maupas : « Vous serez alors tout seul dans le Sénat pour défendre de pa- « reilles doctrines, assurément. »

M. le Comte de [illegible] : « C'est la première fois que dans cette enceinte l'athéisme « trouve un défenseur. »

Son Exc. le [illegible] Canrobert, se tournant vers M. Ste-Beuve : « Vous n'êtes pas « ici pour défendre un homme qui a nié la divinité du Christ, et qui s'est posé comme « l'ennemi acharné de la religion de nos pères, qui est encore celle de la majorité des « Français. » (Mouvement prolongé d'approbation.)

A la même séance du 29 mars 1867, le Sénateur baron de Vincent, dans la discussion sur la loi de l'instruction publique, a pris la défense de l'enseignement libre donné par les congrégations.

Voici le résumé de ses observations :

« L'instruction publique, a-t-il dit, se divise en deux parties, *l'enseignement de l'Etat* « et *l'enseignement libre*. »

« L'Université redoute la concurrence des établissements religieux ; elle devrait au « contraire voir en eux un élément d'émulation pour ses propres écoles, et rendre « hommage aux services éminents qu'ils rendent en dirigeant les jeunes générations « dans les voies de l'ordre et de la religion.

« Les fautes de l'Université, en matière d'instruction publique, sont en très-grand « nombre. La loi de [illegible] n'avait pas été inspirée par des sentiments favorables à la « Religion, elle avait déjà fait beaucoup de mal.

« Celle-ci est encore plus défectueuse, puisqu'elle attaque plus directement les con- « grégations religieuses en supprimant *l'exemption* qui leur était acquise depuis un « grand nombre d'années. Elle blesse tous mes sentiments religieux.

« Quant à moi, j'ai placé mon petit-fils dans l'institution religieuse de Vaugirard, afin « qu'il soit animé des sentiments catholiques qui m'animent moi-même.

« En conséquence, je remplis un devoir de conscience en votant contre l'adoption de « la loi. »

La pureté du motif qui a dicté le décret impérial relatif au licenciement de l'école « normale, inséré dans le *Moniteur* du 11 juillet 1867, est une nouvelle preuve, sans contradiction possible pour les catholiques, de la sagesse des observations du baron De Vincent et de son juste discernement entre *l'enseignement universitaire* et *l'enseignement libre* donné par les congrégations religieuses.

Il s'échappait par intervalles, de son âme impatiente, cette invocation à la Sainte Vierge : *Mère de mon Dieu, intercédez pour moi auprès de votre fils, afin qu'il m'ouvre la porte du Ciel.*

Il y avait dans ce cri d'amour, dans cette prière empreinte d'une douce mélancolie et d'une sainte résignation, le pressentiment d'une mort prochaine.

Elle connaissait le moment où devait finir son pèlerinage terrestre; elle le sentait venir et me le disait avec le calme d'une conscience pure et une conviction intime, mais en conservant l'espoir de la couronne que Dieu a promise à ceux qui ont combattu pour lui.

La vie est un combat dont la palme est aux cieux, a dit un poète chrétien.

Après m'avoir fait connaître, pendant quelques heures, ses dernières dispositions, elle m'entretint ensuite de ceux et celles qu'elle affectionnait.

Jamais sa parole n'avait revêtu plus de sensibilité, plus de charme. A chacun de ses parents, à chacune de ses voisines et de celles associées à ses bonnes œuvres, elle adressait ses derniers adieux, ses derniers témoignages d'affection; à chacune d'elles, elle donnait rendez-vous au Ciel.

Encore quelques heures et son âme finira son exil pour être introduite dans la céleste patrie.

Il était huit heures du soir, la mort s'avançait à pas pressés; elle le savait; son visage en révélait les approches. Néanmoins, elle me souriait encore, mais avec une certaine tristesse où surnageait la joie.

Sentant diminuer ses forces, elle appela celle qui lui donnait des soins, pour faire la prière à haute voix. J'entendis alors, pour la dernière fois, sortir de cette poitrine évangélique ces paroles sublimes qu'elle répétait cent fois chaque jour : *Mère de mon Dieu, priez pour moi, maintenant et à l'heure de ma mort.*

Elle continua ses prières accoutumées en se rappelant combien Dieu était miséricordieux, fidèle dans ses promesses, et riche dans ses bontés. Ainsi rassurée, elle goûtait le calme, la paix, contemplait son Dieu, s'enivrait de son amour en disant : *Que le Bien-Aimé descende. Veniat dilectus Dei.*

Il était neuf heures; voyant approcher le moment suprême, elle se fit conduire dans sa chambre à coucher, et fut mise dans son lit.

Sa vie avait été si pure, sa foi si vive, sa conduite si irréprochable, que sa fin eut tous les caractères de la mort des justes.

Jamais les angoisses de la mort reçurent un allégement semblable.

Jamais le lit d'une mourante ne fut entouré d'autant de consolations.

Elle quittait le monde sans faire entendre aucune plainte, sans exprimer d'autre désir que celui d'être introduite dans le séjour des bienheureux. Ses derniers moments furent marqués par un grand calme, une parfaite résignation et une entière confiance dans la volonté de Dieu. L'espérance embellissait ses traits.

Elle reçut le dernier sacrement et tous les secours que l'Eglise prodigue à ses enfants mourants, en présence d'une assistance pieuse et attendrie.

Peu après, levant un dernier regard vers les cieux, en paix avec son Dieu, en paix avec elle-même, sans souffrance, sans agonie, et conservant toujours cette sérénité qui l'avait caractérisée, elle s'éteignit dans le sein du Seigneur, et lui rendit sa belle âme, à dix heures du soir, près de son directeur.

Sa demeure devient un temple où l'on apprend à vivre en la voyant mourir.

Une telle mort est la plus belle couronne d'une telle vie; car elle termine les souffrances et inaugure le bonheur parfait. Le temps a fini pour elle, et l'éternité commence. Du berceau à la tombe, il n'y a qu'un instant; c'est une fleur qui naît et va s'évanouir (1).

La mort, pour le juste, n'est point une fin dernière, un anéantissement; elle est le passage du monde des ombres dans celui des réalités; elle est l'aurore d'un beau jour, le lever d'un soleil sans nuages et sans déclin; elle est le couronnement de la victoire et la récompense de la vertu.

Oh! ma sœur, que ton sort est digne d'envie!

Elle a terminé ses jours comme elle avait vécu, chérie dans sa ville natale où elle laisse des souvenirs multipliés de ses bonnes œuvres, environnée des sympathies du pauvre comme du riche; le concert unanime de regrets dont elle a été l'objet, a révélé tout le prix de cette belle existence.

Son décès fut à peine connu, qu'un deuil général envahit toute la ville. Les fidèles vinrent en foule contempler une dernière fois les traits chéris de celle qu'ils vénéraient comme leur mère, et dont tous les jours avaient été comptés par des bonnes œuvres. En face de sa dépouille inanimée, et désormais impuissante à faire le bien, ils mesuraient toute la grandeur de sa perte pour les pauvres. C'est une sorte de justice qu'on rend à la vraie vertu, toujours modeste et inconnue.

Quelle fut la surprise des assistants en voyant le changement subit et inattendu qui s'était opéré dans tous ses traits. L'ange qui veillait près d'elle les avait empreints d'une sérénité admirable; le ciel était peint sur son visage; on n'y voyait plus aucunes rides, et toutes les vertus renfermées dans cette belle âme se réflétaient sur sa figure et lui donnaient une expression toute céleste.

Selon le désir qu'elle m'avait exprimé, elle fut revêtue d'une robe blanche avec son chapelet dans les mains. Ses deux scapulaires bleu et noir, ainsi que ses trois médailles, demeurèrent suspendus à son cou. On aurait dit que c'était une vierge en habit de fiancée qu'on conduisait à l'autel.

Son cercueil fut orné de fleurs, et lorsque la cloche funèbre annonça le transport de sa dépouille mortelle à l'église, elle y fut portée, d'après ses intentions, par huit vierges de l'Association du Sacré-Cœur de Marie. En lui donnant cette dernière ovation, elles disaient avec tristesse. Nous portons ce corps qui repose après tant de fatigues et de souffrances; nous portons ces mains qui ne s'ouvriront plus pour faire l'aumône, ces pieds qui n'iront plus au devant de la misère, ce cœur que l'infortune ne saura plus émouvoir. La Sainte-Vierge, accompagnée des Anges, est venue cueillir sa belle âme, comme un fruit mûr pour le ciel.

D'après son désir, toutes les élèves de l'école communale, vêtues de robes blanches, avec une couronne sur la tête, les filles agrégées à l'Association du Sacré-Cœur de Marie, celles de la Confrérie du Rosaire, de la Propagation de la foi et des écoles d'Orient dont elle était la zélatrice, ainsi que de plusieurs autres Associations dont elle était membre, se rendirent à l'église afin d'assister à la messe, pour le repos de l'âme de la défunte.

Après le Saint-Sacrifice, le cortége se mit en marche enveloppé d'un

(1) Notre vie entière peut s'écrire en quelques mots : Nous naissons dans les *vagissements*, nous vivons dans les *luttes*, nous mourons dans les *angoisses*.

nuage de tristesse et de deuil. Ses obsèques eurent lieu avec une imposante solennité : tous les prêtres de la ville y assistèrent, et leurs chants sacrés étaient comme une douce mélodie qui parlait au cœur des assistants.

La mort n'a plus de secrets ; sur le parcours du convoi il y avait une double haie compacte de fidèles, qui attestait, par son attitude recueillie, les vertus et le sentiment d'affection qu'elle avait inspirés, sans le vouloir, aux habitants de la ville ; tous lui faisaient cette éloquente oraison funèbre : *Elle a passé sur la terre en faisant le bien. Transiit bene faciendo.*

Ses funérailles étaient un véritable triomphe ; elles ont réalisé cette parole de Notre Seigneur : *Celui qui s'humilie sera élevé.*

Son corps a été déposé dans le cimetière béni de Saint-Marcellin. Sur la pierre funéraire qui le couvre, on y lit cette épitaphe :

ICI REPOSE

FLAVIE BOISSET

âgée de 89 ans

MODÈLE DE TOUTES LES VERTUS

Décédée le 1er Janvier 1867

Après une longue carrière de piété et de bonnes œuvres.

Priez pour Elle !

La grille qui entoure cette tombe, lui assure à perpétuité la jouissance de ce lieu de repos, dans lequel on la trouve encore sous le voile de l'humilité qu'elle avait pratiquée pendant sa vie, car aucun monument fastueux, d'après sa volonté, n'est élevé à sa mémoire ; mais son souvenir est écrit en caractères ineffaçables dans le cœur des pauvres, dans celui de ses parents et de tous ceux qui l'ont connue. Ce qui est encore plus précieux, ses bonnes œuvres l'ont suivie dans un lieu où elle jouit aujourd'hui d'un bonheur éternel.

Notre voix vainement la rappelle, la faux impitoyable a donné à la terre ses restes froids et inanimés ; mais son âme immortelle reçoit aujourd'hui sa récompense, assise aux pieds du trône d'un Dieu rémunérateur.

Elle nous lègue à tous son exemple, et en visitant souvent sa tombe, apprenons à vivre et à mourir comme elle.

Mes lecteurs me pardonneront la longueur de cette notice ; mon excuse est dans le sujet que j'avais à traiter, et que je n'ai pas épuisé, tant il était riche et fécond.

Si j'ai un reproche à me faire, c'est d'avoir plutôt affaibli qu'exagéré les vertus de la servante de Dieu. Je laisse donc à ses œuvres le soin de la louer dignement.

BOISSET,
Avocat et ancien Magistrat.

Lyon, imp. Rey et Sézanne, rue St-Côme, 2

BIBLIOTHEQUE NATIONALE DE FRANCE
3 7502 00988132 9

www.ingramcontent.com/pod-product-compliance
Lightning Source LLC
LaVergne TN
LVHW010251230826
846091LV00007B/2916

* 9 7 8 2 0 1 3 4 0 6 3 2 1 *